귀하의 가을은
안녕하신지요

귀하의 가을은 안녕하신지요.

곽구비 다섯 번째 시집

책나무출판사

시인의 말

언어로 각각의 사물들의 말을
대신 표현해내는
시인도 한 분야의 배우라 생각하면서
시를 쓴다는 것도 어쩌면 연기자다

달달한 사랑시를 쓸 때는 낭랑 18세의
표정으로 소녀가 된 마음으로 쓰고…

세상에 존재하는 낱말들을 실컷 쓰면서
누리는 언어의 배우

고상한 척 쓰다가 중년이 되면
부질없어질 그즈음에 언어들은

다시 말랑말랑한 상상들이
문맥 속으로 파고들어 어쩌면 쓰다가
쓰다가 더 유순해진 성정이라 생각했기에

그간 배제하던 낭만적인 시들을
이번 기회에 꺼내 놓기로 했다

깊게 쓰지 못한 부족함에도
기어이 5집을 내기로 하면서…

곽구비

목차

시인의 말 · 4

1부 · 귀하의 가을은 안녕하신지요

당신의 레토릭에서 실수한 그것 · 10 / 하루하루의 계보를 추앙하면서 · 12 / 너는 떠나고 가을은 돌아오고 · 13 / 하루는 대체로 아름다운 날들이었다 · 14 / 개와 늑대의 시간 · 15 / 사랑 · 16 / 작품명 외출 화가 이름 가을 · 17 / 대화가 필요해 · 18 / 황금 들판에 서면 · 19 / 모놀로그 · 20 / 설렘의 글귀를 쓸 수 있어 이제 다행이다 · 22 / 귀하의 가을은 안녕하신지요 · 24 / 가을로 가는 언어 열차에 탑승하실게요 · 25 / 햇살에 잔물결 쏟아 내는 맥문동 때문에 · 26 / 몽유병 같은 가을 · 27 / 절정의 밝은 단풍 맛들은 떠났지만 · 28 / 네가 떠나간 길로 그리움이 자라 · 30 / 내게 와닿지 않는 소리들은 그저 타인 · 31 / 네가 없는 청풍호 · 32 / 네가 부르다 만 가을 노래 · 33 / 뜨겁던 여름 기울어 가고 · 34

2부 · 장마의 시간에 꽃을 편집하다

장마의 시간에 꽃을 편집하다 · 38 / 울산 바닷가 희망 우체통에 써넣은 연서 · 40 / 너무 밝은 해바라기 불행하게 쓰기 · 42 / 비 오는 날 상태 메시지 · 43 / 여름 바다 · 44 / 월담한 능소화를 왜곡하며 · 45 / 시 결코 만만한 게 아니지 · 46 / 산에 오르면서 · 48 / 이른 산책길의 사진 표정 · 50 / 개와 늑대의 시간 · 51 / 봉숭아 꽃물들이며 · 52 / 자유로운 시를 위하여 · 53 / 스페인에서 나눴던 우정 · 54 / 클래식을 옮겨 적다 · 55 / 하얀 거짓말 놀이 · 56 / 흐름 · 57 / 나무 아래 오후엔 1 · 58 / 나무 아래 오후엔 2 · 59 / 꽃잎 편지 · 60 / 바람의 혀를 간절히 찾는 대신에 · 61 / 일요일 삐뚤하게 누워서 창밖을 보며 · 62 / 해의 부제로 영향을 준 조력자들 · 63 / 연꽃처럼 물 위에 떠 있는 듯한 영주 무섬마을 · 64

3부. 사랑은 시간에 새긴 서사시

포구에 갔었제 · 66 / 백담사에 눈 내린 날 · 68 / 12월 표류기 · 70 / 침묵인데 따스하다고 바꾼다 · 71 / 군산 탑정호 풍경 · 72 / 바다의 시간 · 73 / 사랑은 시간에 새긴 서사시 · 74 / K에게 · 76 / 겨울 동백꽃 같던 · 77 / 사랑 2 · 78 / 햇볕의 이적 · 79 / 계절은 그렇게 · 80 / 지금이 행복한 시간 · 81 / 사랑일까 하고 · 82 / 회상을 가둔 강가에서 · 83 / 겨울에 날아든 안부 · 84 / 여심 · 85 / 각인 · 86 / 슬픔 활용법 · 87 / 때론 휘청거림이 살 만해 · 88 / 철거된 인연 · 89

4부. 안개 수사법

안개 수사법 · 92 / 산수유 · 93 / 이너피스 · 94 / 쁘떼뜨 · 96 / 어루만지다 · 97 / 이별은 때론 애첩인 것처럼 · 98 / 너를 보내듯 봄도 지나갔다 · 99 / 비에게서 빌려온 문장 · 100 / 꽃으로 잊어도 되면 봄날이겠지 · 102 / 초록에 반하다 · 103 / 유독 맹렬하게 맞이한 봄 · 104 / 불안할 땐 딴청 피우기 · 105 / 잘 있었니 · 106 / 그곳에 가면 · 107 / 시인의 사월은 · 108 / 봄을 기다리는 일은 너를 기다리는 일 · 109 / 봄의 하울링 · 110 / 봄비로 인해 다시 쓰는 홍매화 프로필 · 111 / 베란다 건너편에서 벌어진 봄 · 112 / 고향 생각 · 113 / 여전히 그때처럼 봄비 내린다 · 114

5부. 살며 살아가며 그밖에 시가 되지 못한 날들 중에서

그 여자의 에필로그 · 118 / 지난 주말은 유독 화창해서 기분 좋았습니다 · 120 / 과거에도 미래에 대한 생각은 늘 같았어 · 123 / 오랜만에 당신을 만나러 왔습니다 · 125 / 중년의 감정은 수시로 변덕을 부리다 · 128 / 바이러스 시국으로 변하던 시점에서 · 130 / 오월이 갈 때 내 추앙 드라마도 갔다 · 138

1부

귀하의 가을은 안녕하신지요

당신의 레토릭*에서 실수한 그것

바람의 무르팍이나 비의 발자국 좀처럼 본 적도 없으면서
처음 이런 시어들은 뿌듯해요

노스탤지어 자맥질 우듬지 한 물간
낱말 우려먹는 일 구태의연할 즈음

국어사전 달달 외울 때까지 읽으라길래
산꼭대기까지 뒤져볼 태세로 몰두했어요

그러다가 문창과에서 자주 사용한다는
물의 근육 들숨 날숨 직선 사선

이런 뜬금없는 낱말이 좋아 보였는지
시인 선수들은 틈을 노려 낚아챘어요

패션도 디자인에 한계가 올 땐 복고풍으로
유행이 돌듯 낱말에도 한계는 있으니까

좀 빌려다 썼다고 따지진 못하지만
자꾸 그런 당신들 몇에게 의문점이 생겼어요

사물을 데려와 인용하면서
화자 정리를 못 하는 건 뭘까요

과장은 선수급인데 어떻게 기본이 없을까
내공이 탄탄한 독자에게는 다 들킨다고요

*레토릭: 화려한 문체나 다소 과장되게 꾸민 미사여구.

하루하루의 계보를 추앙하면서

창가에 엎어져 어둠을 떠먹은 저녁이
내 등을 타 넘으려 하면
평온한 마음으로 마주하게 되었습니다

매일 정해진 틀에서도 해방된 것 같음은
체득해서 알아낸 미세한 변화들이
스스로에겐 교과서가 되었고

경륜에서 쌓인 익숙함들도
지나간 날들은 연연하지 않게 됩니다

오랜 세월로 자꾸 삐걱대는 의자처럼
나의 삐걱거리는 관절에 놀라지 말고
빙그르르 돌며 왈츠의 리듬을 떠올려 보는

억지스러운 상상을 첨부하면서 위트 있게
오늘의 일상은 어제의 디딤돌로 사용하면
지루하지 않은 하루가 됩니다

너는 떠나고 가을은 돌아오고

기차가 떠나던 날 너는 멀어지고
팔랑팔랑 뒤척이는 나뭇잎 소리에
혹시 나 불렀나 돌아봤지요

몇 번씩 오고 가는 기적소리
아물어가던 상처 여러 해 덧나면
숨죽여 흐느끼던 무음의 고독들

철로에 밟혀도 닳아지지 않았나 봐요
기찻길로 나가면 그 가을의 저릿한 공기
와르르 내게로 몰려들지요

하루는 대체로 아름다운 날들이었다

내게 옮겨 담은 유월 서정 하나는
체리 쥬빌레 한 조각 포크로 찍어
철 이른 복숭아 맛 스무디로 스윽 넘겨준
목 넘김에 생기를 찾은 눈동자와

손수 볶아 제조 과정까지 노출 의도
기획한 칼로리 제로 원두 향에
맞은편 눈 감아 균형 틀어진
눈썹 하나면 되었다

궁금한 것이 생겨 손님이 오면
카페로 바짝 다가서는 저 앞산의
허리 꺾인 오후를 덤으로 바라보고

꼭 하고 싶었던 말 꺼내 놓지 않았어도
커피 로스팅 바라보는 행간에서
이미 읽은 여유로 기다림은 우정이다

개와 늑대의 시간

해가 베란다 건너편 초록 아파트 C동까지를
훌쩍 타 넘어 사라지기 전
산책을 해야겠다고 생각한다

선크림을 바르지 않아도 되는
붉은색이 펼쳐지다 사라지려는 찰나

노을의 뒷모습을 바라보며 뭉클해지는
감정의 고조에 낮은 바람이
시를 몰아붙이기도 했다

문명에 지친 한낮의 경직된 어깨가
표정 없이 허물어져 휴식이라 생각되는 지점

눈동자를 접어 가슴으로 말을 해도
되는 이들끼리 쓰는 시간
금 밖에서 대기 중인 달이 기회를 엿본다

사랑

나는 계절 위에 서 있는 그리움이다
말끔히 지워낼 수 없는 삶의 일부이다
역동의 파노라마를 헤치고 나면
기뻐할 누군가의 마음에 기다림이다

공기 중에 호흡하기도 하고 더 멀리
더 오래 한동안 비틀거리며 떠다닌다
무수한 색깔로 나를 위한 장식을 안고
순수한 마음속을 유랑하는 방랑자다

작품명 외출 화가 이름 가을

아침부터 구름은 짙은 회색으로
밑그림을 잡아 고민했었다

바람이 강물과 하늘 사이를 몇 번인가
옮겨 다니며 붓칠을 하자
얼룩말 무늬로 변했다

며칠간의 비를 멈춰 세우고
오랜만에 햇살까지 나와 한몫 거들고

오늘 두물머리에 수채화 한 폭
산뜻한 색깔로 가슴을 파고들었다

대화가 필요해

꽃잎이 떨고 있는 새벽은
얼마나 처연한지 가슴에 이는
바람은 중심을 얼마나 흩트려놓는지
당신에게 내가 할 말은 많았다

한 번쯤 산책을 같이하고 들국화
조물조물한 그 길에 향기를
당신과 나누고자 했다
주식에 대한 경제에 관한 국회의원 얘기 말고

내가 바라본 세상에 대하여
코스모스가 올핸 가을보다 먼저 온 이유와
허수아비를 볼 수 없는 들녘에 대하여
한마디만 나누어도 몹시 아름다운 가을이겠다

황금 들판에 서면

고개 숙인 풍요 앞에서 아버지의
얘기가 사그락사그락
장마철 젖은 삶이 이랑 사이로
갈급하던 여름을 잘 견뎌 오셨다

기계가 자식보다 효자구나
벼는 알아서 베어지고 남은 시간은
막걸리에 담아 비우시니 좋다 하신다

들판에 서면 푸념처럼 아버지의
서걱거리는 속 얘기는 허수아비가
들어 주고
자식은 하얀 거짓말만 보탠다

아버지
가려고 했는데 시간이 안 났어요

모놀로그

이제는 모두 가을로 가봐야 한다는데
한여름에 주춤거렸다고 그리움을 영
따돌리고 글을 써낼 수 있을까요

바퀴를 타고 매달린 물방울이 이편으로
달리는 차를 흘끔거릴 뿐 얌전히 내리는
비를 편의점에 앉아 감상하게 되었습니다

자벌레처럼 스멀거리며 걸어 나온
당신 이야기를 엮고자 하지 않아도
솟구칠 때가 있으니 외면하지 못했고

가물거리는 실루엣의 행선지를
쫓아가며 혼자서 시간 여행을 합니다

맑은 날 단단해진 기억은 비에 적당하게
불려 감정이 다소 과장되어도 순전히
내 기억이라고 우기면 그만이라며

한때 거추장스럽게 아프던 기억들이
순화되어 보고 싶게 만드나 봅니다

가슴에 비수처럼 꽂았던 모진 말들도
면면히 살펴보면 미워서 그랬을까 싶게
곱게 다듬어진 시간 되어 나를 바라보았고

비가 그만 내리기로 작정했기에
오늘은 나도 여기까지입니다

설렘의 글귀를 쓸 수 있어
이제 다행이다

천만 평의 가을을 안고 돌아가는
시골길 구불거림과 만났을 때 밀려든 환희로
삶은 유랑극단 같다고 적어본다

사계절을 쫓다가 꽃의 교대시간까지
눈치챌 정도로 자연에게 허락도 없이 기댔고
불안함이 줄어들었다

오싹한 곡예를 두 번쯤 타 넘었을 때
어설피 한 주변은 모두 연극의 관객 모드로
어정쩡해서 주변으로부터 나를 멀리 격리시켰다

들판으로 뛰어다니며 함께한 바람 소리에게
엎어져 그르치고 만 내 허점을 고하고
모든 관계를 영으로 공평하게 돌려놓았다

아무에게도 특별한 의미를 부여하지 말자
평이한 관계로 전환시킨 시점에서
바람 소리만 오래오래 들었다

앞으로 정해놓은 기준에서는 사람에게

메이고 얽히지 않겠다

주변을 다 물리치면 슬프지 않겠냐고
너무 각박해질 것이라고 별 공감도 없는 말
아직 울렁증 있다고 쓴다

마치 미각이나 후각을 잃은 부분처럼
어떤 감정기관 하나가 사라진 것이
병이라고 진단을 받았으니

멀쩡하지 않았던 시간을 치료받으며
하나씩 제 기능으로 돌려놓았다

코스모스와 들국화가 말을 걸어와
요즘 그거 대꾸하기 바쁘다

귀하의 가을은 안녕하신지요

여독을 풀어놓고 온 나라를
위협하던 그 불볕의 횡포를 귀하께서
잘 견딘 덕분에 가을로 갈 수 있겠네요

나왔다 들어갔다 때맞추기 어렵다던
코스모스가 제대로 까불거리는 거리를
귀하보다 먼저 발견하고 오는 길입니다

제 갈 길로 잘 돌아가는 계절이 가장 안전
하겠지만
내일부터 발목 잡는 태풍이 있다 하니
귀하께서도 채비를 하셔야겠지요

느닷없이 피어나 정신 못 차린다던 그런 사랑
귀하가 다그쳐버리자 일찍 소각해 두었기에
가을은 견딜 만할 것 같아 다행이네요

가을로 가는 언어 열차에 탑승하실게요

바람이 손마디를 휘어 감기 시작했으니
여름에 밀쳐 둔 감각을 일제히 건드려
말랑한 언어들이 타기 시작했습니다

나라 안팎으로 너무 불편한 진실들이
많았고 모른 척 못하기 때문에
지쳐서 온 이 가을이 특별할 겁니다

달빛을 파고드는 풀벌레 소리 기본으로
움직이는 자리마다 그리움 덧칠하겠고요

심연 들숨 날숨 포말로 부서진
시마다 들어 있는 낱말들 다 옵션입니다

산모퉁이 돌아 내려오는 안개를 감상하고
새로운 언어로 빚고 가겠다는 분들을
위해 잠시 기다리기로 하겠습니다

가을에 만난 사람 절반이 시인이기에
예전처럼 신선한 언어는 부족할 것 같아
대신 차비는 무료랍니다

햇살에 잔물결 쏟아 내는 맥문동 때문에

사랑을 해본 자만이 알아보는 것같이
살뜰하게 바라보는 눈빛이 풀어지면
설렘의 기억들은 금세 꿈틀하고 말아

처서가 따라오고 보라의 찬란함이
덮치면 순간적으로 보랏빛 상상까지
위험수위를 넘을 때가 있었으니

간결한 문장으로 잊고 살았던
실루엣 하나 저곳에 그리고 말았다

몽유병 같은 가을

처세술에 야무진 잎새들은 유혹에 덫을
사방으로 놓고 있었던 게야
쩌렁쩌렁 호령하던 매미들이 붙잡혀갔고
몸부림을 시도하는 고독들이 꿈틀댄다고 했어

쭈뼛대는 쑥부쟁이 향기에도
마음 풀어버리는 환자가 생겨났고
모두 콜록거리며 전염병이 돌지도 몰라

지평선 끝자락이 모든 것을 그리움으로
만들어버린 한 가지 증세가 일치한다고 했어

뜨락에 숨어 우는 귀뚜라미 은하수
그에 부름으로 꼼짝없이 보초를 섰으니
멀쩡하지 못하고 창백한 낯빛의 밤을
여러 번 세우게 하다가 헛소리들을 한다지 아마

절정의 밝은 단풍 맛들은 떠났지만

온몸에 열불 난다는 말에 호들갑 떨지
말라는 매정한 대답이 돌아오면

화가 치받쳐 산을 찾게 되었다는
앞에 간 중년 여인의 하소연이 오늘은
낙엽 밟는 소리에 묻히고 말아

이제 더는 사랑에 들뜰 일 없어 그럴지도
모른다는 생각에 다독여 줘야 할 것 같았습니다

사방으로 마구 교신 중이던 메아리들도
인파가 줄어 평화로운 월요일

올라갈 때 더 자세히 보고자
의도적으로 천천히 걷기를 하다가

까실쑥부쟁이 열매 익어가는 것을
생전 처음 마주하고 상당히 흡족합니다

중년들은 살아온 관록만큼 현명함도 있어
금방 스스로의 기분을 바꾸기도 하면서

가끔은 그때처럼 가족으로 말고
함께 사는 이와도 연인처럼
너와 나로 대화를 하고 싶답니다

네가 떠나간 길로 그리움이 자라

나타날 때마다 그리움을 늘려온 코스모스
어느 땐 바람에 슬픔까지 묻혀오기도 해요

어느 계절에 단단히 발목 잡혀 결국
볼 수 없겠지만 기다리는 일로 시를 쓰는 거예요

거칠던 소녀의 원고는 어느 틈에 교정되어
애매하지만 보고 싶다고 쓰고 말았어요

내게 와닿지 않는 소리들은 그저 타인

흰나비 안무를 따라서 혼자 춤을
춰보는 요즘은 사람들과 섞여 있어도
고독이 얼쩡거립니다

숲길 덤불 속 개망초가 하얗게 질려
사랑을 기다렸다고 오늘은 괜히
울어도 될까 한 줄 쓰다 주저앉기도 하고

버려진 초가 담벼락에 집 떠나간 이들이
찾아올 리 없어 성깔을 부리는
잡초의 내성이 나 같기도 합니다

절실한 것 없이도 도 닦는 행자처럼
그저 묵묵한 것이 키워지는 마음일 때
질문과 대답도 고독한 것만 못합니다

그렇게 서글퍼져야 안전한 가을을
치렀다고 다행인 체하면서 살아냈으니
통과의례적인 사투가 시작됩니다

네가 없는 청풍호

단풍이 빨개진 얼굴로 호수를 향해
내려오던 시기였기에
그리움도 출몰할 것 같아 하늘을 본다

달아난 가을이 거리를 유지하다
나타나면 밀봉된 이야기가 재구성되어
슬픔의 기억을 부추겨 오르고

벌레 먹은 나뭇잎 사이로 엷은 햇빛
연신 타고 내려와 눈물 나게 했는지
떨어진 낙엽만 죽어라 밟았다

네가 부르다 만 가을 노래

떨어진 은행잎 우수수 1절만 반복하고
어느 식탁으로 가 아침을 맞고 있는지
네 목소리 인터미션이 너무 긴 것 같아

뒤늦게 내 맘대로 채워 넣는 2절 가사
가을이 이렇게 이쁜데 왜 슬퍼지려 하니
하늘은 왜 자꾸 너처럼 멀리 도망을 가니

뜨겁던 여름 기울어 가고

지독한 햇볕에 찢겨진 옷자락 끌며
모퉁이 살짝 돌아 나오던 구절초가
그새 쭈뼛거리는 교태는 보셨나요

당최 꺾일 줄 모르던 권세들도
결국 어쩌지 못하고 수그러들 때가
있었으니 다행인 거죠

천안 들꽃세상 꽃 농장엔 미안한
기색으로 돌아간 여름은 잊어도 좋을 만큼
9월의 꽃들이 기다린다고 하네요

나팔꽃 닮은 유홍초
금계국 닮은 불금초
백조 닮은 해오라비 난초를 보면서

슬픈 얼굴에도 꽃 그림자 하나씩
피워 올리면 좋겠습니다

호젓한 산길로 나가 반딧불이
흩어질 때까지 등성이에 서서

누군가와 가을이 오는 이야기 나누고 싶습니다

2부

· 장마의 시간에 꽃을 편집하다

장마의 시간에 꽃을 편집하다

시처럼 사뿐히 살기를 원했던 여자는
새벽 풀잎에 이슬이 쓴 시를 읽으려 일찍 깬다

가장 맑은 발음으로 읽히는 낱말들을 모아
갱년기로 열병이 난다는 친구의 심장에 대고
자주 꽃말을 주입시킨다

살아가는 길에 비록 어려운 이력서를 여러 번
썼더라도 늘 당당한 척하자며

퍼붓는 빗방울 턱턱 받아 마신 후 쑥 자란 키
뽐내며 독한 7월의 태양까지 불살라먹고
꼿꼿한 자태의 샐비어를 추앙한다

이번 장마는 근본 없이 쏟아붓지 않아서
빗물의 꼬리를 쉽게 찾아 술래잡기 놀이처럼

아직 회복할 명예가 있다는 능소화
영원한 행복을 드리겠다는 루드베키아
누군가를 기다리는 원추리의 마음까지

자연과의 교감을 어루만져 가슴에 찰랑이는
시의 아포리즘*을 높인다

*아포리즘: 깊은 진리를 간결하게 표현한 말이나 글.

울산 바닷가 희망 우체통에 써넣은 연서

결코 가볍지 않은 약속을 하고
돌아서 가버린 그의 소식을
수년 동안 기다리다 이제야 편지를 씁니다

마음에 얹힌 원망의 체기를 내리고부터
그리움이 앞서 나가기 시작해
그것을 빌미로 오랫동안 힘들어졌던
많은 생각들을 순식간에 어제 일처럼
적어 넣다가

어디에서 어떻게 사는지
이름 하나로는 도저히 짐작할 수 없는
것들은 의문부호처럼 표기합니다

구름이 해를 가려준 틈으로 그간 울지 못한
눈물들이 편지지 가득 고이자

얼룩이 지면 못 알아볼까 문지르다가
지워져 버린 그의 이름

불러도 닿지 못할 그 거리를 좁혀

오늘 세상에서 제일 큰 우체통에
내 오래된 염원 하나 떨구어 놓고

때맞춰 철썩거린 파도에 시선을 둡니다

너무 밝은 해바라기 불행하게 쓰기

해바라기 품으로 휘적휘적
걸어가 포즈를 취하며
한때 고흐의 연인이었던 시엥의
절망적인 눈빛이 되어 본다

임산부에 매춘을 하던 여인에게
특별하진 않았으나 소중함이 깃들어 있다고
고흐는 모델을 부탁하고 서로 의지했었다

편견도 없이 사랑만 좇던 낭만적인 예술가

결국 자신이 살아온 어두움에 소굴로
가 버렸던 시엥의 사연을 함구한 해바라기

나는 그 얼굴을 더듬거려 보다가
한 사람만 바라보는 일은 형벌 같았을 거야

삐딱하게 적고 겸연쩍게 웃는다

비 오는 날 상태 메시지

길동무를 자처한 빗소리에 젖은
옷깃 내어주는 옆자리를 허락했지만
어제 마주한 꽃잎의 미소가 염려된다

자작나무 조경을 한 운치 있는 카페를
기웃거리며 가라앉으려는 기운
눈동자에 힘을 준다

물기를 이고 서 있는 꽃들이
고개를 숙이고 버티는 곳에서
검정 우산 세우고 꼿꼿하게 서 있어 본다

빗길에 붙잡힌 우울한 감정에 휘말리다
내가 고개 숙이면 그리움이라고 쓸 것 같아
기분 좋은 날이라고 역설적으로 표기하면서

여름 바다

태풍이 지나간 바다는 슬픔의 조각들을
깁느라 저리도 출렁거리는가

열병이 끓어 넘칠 때 사랑한다는 이유로
서로에게 비수를 꽂다 돌아서

애먼 바다를 찾아와 하소연할 때에도
그냥 출렁출렁거렸지

실컷 아팠겠다 그도 나도

월담한 능소화를 왜곡하며

처음 만나 옷고름을 풀었던
그 환장할 기억 하나 선명하여
대담하게 담 위로 오른 것이지

그윽하게 바라보며 사랑한다던
님이시여 그럴 수 있냐며
찾아와 항의하는 것이겠지

그날 밤이 진심이었다면
왜 한 번도 찾아오지 않느냐
그녀의 한이 담을 넘는 것이겠지

남에 속도 모르고 가엾다는 말
단정 짓지 말라며 눈물
뚝뚝 흘리다 돌아간다는 전설이지

시 결코 만만한 게 아니지

해를 호송해 간 한차례 소나기도 시였지

물론 여름의 투망 속 시어 떼도 무궁무진하지

표출이 어려워 여전히 옹알이에 머물러 그렇지

더위를 피해 냇가에 숨어들던 수양버들
머리채를 끌어올려서 깔끔하게 묶지 못했지

해바라기 씨앗을 방금 터트리고 나온
잠자리 날개를 부지런히 쫓아
개망초 위에 주저앉히면 어떨지

전엔 망설임 없이 써놓고 선무당처럼
당당하더니 요샌 주저함만 늘어가지

서서히 다가온 어둠을 앞에 놓고
저기 별똥별로 마무리를 지을까
밤의 귀를 열어 풀벌레를 더 쫓다가 올지

아무거나 끄적이면 시라고 누가 그랬지?

낙서에 불과하지

시가 제품이니 한 공장 물건처럼 죄다 같게?
스승님 목소리가 꿈에서도 들리지

산에 오르면서

당신과의 연애는 눈물맛이 컸지만
산행은 아직까지 짜릿한 맛이 이어졌어요

산골짝 능선마다 그 산들이
숨겨놓은 모습들이 당신을 만날 때보다
지루함이란 게 도무지 없거든요

젊어서 팔딱거리며 꼭대기는 내가 먼저
당도하고자 객기를 부렸다면

몇 번씩 오르던 그 길에서 눈 못 마주치던
작은 꽃들과 해찰을 부려가며 천천히 가는
지금의 트레킹도 산행이거든요

사실 비밀이지만 나이에 육체가 밀려나
꼭대기는 이제 엄두를 못 내요

당신의 괴팍한 성질이 나랑 비슷해 같이
팔딱거리며 싸움밖에 더했겠어요?

그래서 우리가 남이 되었던 연애랑 산은 달라

나는 여전히 산엘 다녀요

한때 연애는 손에 쥔 막대 사탕처럼
금세 녹으면 사라져

뒷맛이 씁쓸한 그 연애를 내려놓았지만
산은 끊임없이 다닐 생각이어요

이른 산책길의 사진 표정

비 온 다음 날 산책길에선
치맛자락이 사그락 풀잎에게
말을 걸어요

축축한 나무의 이마에 나의
온기를 꺼내 기대보기도 하고요

비에게 흠씬 두들겨 맞았을
나무는 다가가면 별일 없었다고
팔랑팔랑 이파리를 흔들죠

기차가 끊긴 철로 위에도 비가
다녀가면서 산뜻한
서정으로 가꾸어 놨어요

텅 빈 기찻길 적막 그 배후에 깔린
추억은 나를 의자에 앉으라 말을 한 듯

안개도 걷히지 않는 시각 산책길에
울컥한 심사는 평화롭고 충만함이
내 감정을 조정하는 중인가 봐요

개와 늑대의 시간

해가 베란다 건너편 초록 아파트 C동까지를
훌쩍 타 넘어 사라지기 전
산책을 해야겠다고 생각한다

선크림을 바르지 않아도 되는
붉은색이 펼쳐지다 사라지려는 찰나

노을의 뒷모습을 바라보며 뭉클해지는
감정의 고조에 낮은 바람이
시를 몰아붙이기도 했다

문명에 지친 한낮의 경직된 어깨가
표정 없이 허물어져 휴식이라 생각되는 지점

눈동자를 접어 가슴으로 말을 해도
되는 이들끼리 쓰는 시간
금 밖에서 대기 중인 달이 기회를 엿본다

봉숭아 꽃물들이며

분꽃 건너편 개망초
햇볕에 달궈진 얼굴 식히려
바스락거리며 찾아온 밤

어둠에 밀린 나무까지 강물로 다가와
등목이라도 하고 싶어 하면 달이 먼저
덜컹 뛰어든 냇가에도 너 있었고

여름의 틈 어디라도 피어오르던
봉숭아 꽃물들이자 말하던 순간에도
미신처럼 첫눈 오면 만나지겠지 한다

손톱의 중심부에 숨통을 죄어가며
한낮의 독한 해가 다녀간 이야기
일행들이 펼칠 그때도 네 생각을 했고

별똥별의 이야기라든가 긴 시간
수다에도 손톱 끝의 붉은색이 사라지기 전
너를 만나게 될 수 있을 거란 희망을 품는다

자유로운 시를 위하여

행복하지 않으면 잠시 펜을 내려놓아야
한다고 생각하며 마음 문턱에 걸려 흔들던
생각들 팽개치려고 두물머리에 나왔습니다

내 소양이 부족하면 소란스러워진 내면
그 시간들을 뭉뚱그려 흘러가는
강물에 쏟아내면 가벼워진 기분이거든요

비록 찬 기운이 찌릿하게 했지만
물굽이 흘러가는 여유를 가슴에 들여
찬 기운과 오래 맞서기 하는 중입니다

스페인에서 나눴던 우정

아랍 양식 알람브라 궁전을 지나
그라나다 왕의 여름 별궁까지 이어진
헤네랄리페 정원에서의 산책길

왕궁의 품격처럼 집사를 부르면
달려 나온 바람 편에 신선주 한 잔
건네주고 사라질 것처럼 도취되어 걸었지

창문으로 다가와 석양이 내어 준 가슴
붉게 당겨진 호흡 사이로 나눠 마셨던
포도주에 털어놨던 비밀들은 잘 지켜지고 있을까

클래식을 옮겨 적다

베토벤 '론도 카프리치오'를 올렸다

동전이 또르르 또르르 구르는 듯한
동전을 잃어버린 분노로 구상했다는
귀엽고 경쾌함이 거실로 익숙한 듯 구르자

봄이 기웃거리더니 창밖의
벚꽃이 키들키들 따라 웃었다

하얀 거짓말 놀이

비탈의 시간으로 치닫는 시국 앞에서
희망적인 메시지로 경계를 허물어
봄의 평화를 알리는 저 멀리 꽃들에게

하늘이 쾌청할수록 짧은 목을 베란다에
걸어놓고 꽃 이름을 부르며 뒤꿈치를 들고
숲 같은 정원을 상상한다는 여자

푸른 잎맥을 몸에다 심겨놓기만 했어도
마음이 만발한 꽃밭이라 했기에
베란다 햇볕은 기울기를 달리하며
행복하다는 여자를 따라다녔다

흐름

꽃들이 지분거리는 향기들 거리를
교란시켜 혼미해질까
비를 내려준 아침

싹 틔워내던 나무들 잠시 소임을
놓고 휴식한다

바람에 몸을 맡기고 가지 흔들어
비를 안고 젖은 잎으로 그리움을
대신 쓰는 나무

입술 오므린 풀잎의 떨림은 사랑하는
연인과의 의식을 치르듯
빗속에서 처연하게 아름답다

나무 아래 오후엔 1

곧 천둥이 있겠지 장마라고 했어
꽃들이 무서워 움츠리기 전
어제의 벌들은 빠르게 달아났어

불투명한 시간은
술래잡기처럼 살피는 걸음으로
걷기를 하지

새의 노래를 울음이라 들으며
초록 속에 숨어있는 저녁을 발견하고
걸음을 멈춰야 할 무렵

익숙한 고독의 그림자가 다가왔지

나무 아래 오후엔 2

올여름 녹음 진 화목원을
마음에 안식처처럼 찾아요

슬픔이 있던 숫자 여러 날 지우고
행복하다고 박박 우기면서 말이죠

계절에 상관없이 어둠은 두렵고
차가운 기분은 불편했지만

낮이 긴 여름의 화목원에 오면
모든 숨을 토하기에 적당했죠

꽃들도 차례로 떠나고 나뭇잎
색이 바뀌더라도 여전히 발길은
이곳을 찾을 것 같았죠

꽃잎 편지

시를 꽃잎에 적고
바람에 날리면 그 향기
너에게 닿을까
답장을 기다리진 않았어

미련이 남아서 그런 게 아냐
그냥 꽃잎을 날리고 싶었어

내게로 오던 차단된 통로는
꽃잎이 안내할지도 몰라
이만 총총

바람의 혀를 간절히 찾는 대신에

장마가 망쳐놓은 몇 가지 죽음들에게
장례 절차는 생략하지만 애도를 한다

살아서 생글거리는 수국의 환함을 보았고
풋사과의 안전한 모양을 확인하고 나면
남은 여름은 순조롭게 진행될 것 같다

논두렁 밭고랑은 가뭄의 이력을 생각하며
이번 장맛비 잔뜩 먹어 당분간 배가 두둑했고

살 오른 수박 베어 물고 얼음물에
발 담그는 것으로 스스로의 여름나기
한량스러움이라는 것에 축복하고 싶다

중요한 몇 가지만 안전하면 사사로운
것들은 스치고 지나가기 마련이니까

일요일 삐뚤하게 누워서 창밖을 보며

해를 한 입 기어이 물고 해바라기
앙탈하는 저녁 무렵이 쓸쓸한 건
가을의 물빛 우수가 마음을 헤집는 이유였지

바람이 살짝 구름의 위치를 바꾸자
팔월에 일요일이 사라지려는 시간이 오고
우려낸 비트 차 시든 잎들이 서러움에
부풀려져 붉어진 것도 아프다

사소하게 잃어버리기 쉬운 약속들을
다음 주 빈칸에 쓰다가
수요일부터 목금토 턱까지 꽉 찬 스케줄을 적고

살랑거린 기운이 몰고 나온 이 저녁답
털털해져 계절을 타지 않은 건
다행이라면서 그리움 별첨으로 기록한다

해의 부제로 영향을 준 조력자들

며칠째 긴 비는 그리움도 키우고
접시꽃 키도 늘렸다

강바람에 미련 남은 사랑 궁륭*처럼
일어나 내게로 들켜본 내 마음

이 강 저 강 떠도는 촉수를 낱낱이 기록하고
철철 흐르는 저 강물들

이제는 다 소용없어진 당신과의
사랑 이야기 질척거린 슬픔의 성분들

비 되어 심하게 내렸다

*궁륭: 활이나 무지개같이 한가운데가 높고 길게 굽은 형상.

연꽃처럼 물 위에 떠 있는 듯한 영주 무섬마을

이어지는 말꼬리가 가벼워질수록
웃음소리는 관계를 풍성하게 만듭니다

낙동강 3면의 내성천을 휘감은 물
마을이 똬리를 틀고 앉아 무섬마을이라고
다 아는 얘기 괜히 덧붙일 필요는 없겠고요

타임머신이 오늘 조선시대로 내려놓고
늦지 말고 돌아와야 한다는 당부가 있어
시간이 촉박했어도 느리게 걷기를 했었죠

전부터 오고 싶어 안달했던 나는
궁금증이 삐죽삐죽한
저 외나무다리 불어난 물에 출렁거림을
마지막 메모로 말을 줄이며

이번 여행의 마침표를 흘림체로 찍어둡니다

아쉽다는 얘기죠 시국에 어긋나지 않게
마스크를 써야 했으니 인증샷 남기는 일은
삼가야만 했거든요

3부

• 사랑은 시간에 새긴 서사시

포구에 갔었제

닻을 내리고 묶인 배의 몸부림을
보고 싶은 건 아니었어

그렇다고
저 선술집 안에 막걸리 들이키며 얼굴 검은
어부가 궁금한 것도 아녔제

내가 들여다봐야 할 것들은 많았응께

그때 말이여 자비 없이 손님 입맛대로
회감으로 올려지는 줄 모르고
볼모로 잡힌 물고기 중 유독 뽐내는 넘에게
눈길이 가드라구

저 미끈한 방어가 오늘의 방어 능력이 최고가
될진 흥미진진했거등

어쩌다 오밤중까지 거들먹거리던
몸집 작은 오징어시키 결국 단골손님에게
덤으로 앵기는 것까지 다 봐부렀어

오메 다들 징하게 힘들게 살고 있드라구
나도 인자 엄살 같은 거 안 할 생각이여

먼저 잡혀나간 자리에 거품을 삼키며
새로 들어온 도다리
뻘쭘하게 헤엄치는 것 좀 보소

사는 일은 너 나 할 것 없어
눈치로도 버텨야 했것제

아따 참말로 항구도 춥드만 살아 돌아와도
별수 없이 죽어 나가드랑께

바다가 좋았을 것이라고 산자들은
밤새 벌벌 거품을 물었을 것이여

백담사에 눈 내린 날

차박에서 밤새 별을 헤아리던 작가는
한기가 몸을 찌른다는 생각이 들어
불 켜진 절 한 귀퉁이 새벽 찻집을 기웃거렸다

사가에선 흔하지 않은 질그릇들
정갈함에 시선을 차분하게 옮겨가며

이렇게 일찍 차를 마셔도 되느냐는
질문을 쑥스럽게 던져본다

합장한 길손의 공손함이 실내의 공기와
알맞게 녹아 밤새 지키던 고독함이 물러갔을까

절복을 갖춰 입은 보살이 옅은 미소로
살짝 끄덕여주신다

찻물을 우려내는 사이
렌즈에 서린 산사의 성애를 지워내며
찰칵찰칵 셔터 소리가 어색한 정적을 메웠고

대추차 따스한 온기로 지난밤 업혀 온

추위를 다독여 여유를 찾고 나자

노곤한 눈꺼풀에서 창밖의 눈발들이
아른아른 평화로운 춤을 추기 시작했다

12월 표류기

마을로 진입한 추위가 한 집에 몰리지
않기를 불우한 곳을 살펴야 했다

바람이 달음박질친 골목마다 서러운
한숨이 대문을 부술 것 같은 신호로
따스한 입김을 보태드려야 할 가정을 체크하고

자선냄비에 슬그머니 쌓인 미소가
모두 거룩한 밤을 맞을 수 있게 성탄절은
다 같이 행복해야 한다는 생각을 했다

분주한 말미를 틈타 권리금도 없이
진입하던 찬바람과 화려함의 양날 12월

올 한 해 대략 만족이라고 크게
가슴에 묻어두고 새해로 간다

침묵인데 따스하다고 바꾼다

겨울을 미리 겁먹어
바람의 방향을 거스르지 않으려
눈치를 살피는 행동은 중요시했다

넋두리를 하면 금방 티가 나는
적막함 속에서 게을리하지 않고
철저하게 자신의 규칙을 지켜냈더니

부추겨 온 날카로운 소식들은 내게로
닿기 전 알아서 튕겨져 나갔고

남은 허허벌판을 홀가분한 온도라고
측정했으니 꾸준히 유지하려 한다

군산 탑정호 풍경

인적이 드문 호수에 지나가는
구름이 기적처럼 일기를 씁니다

노을이 질 무렵 물새가 외로워하면
다가온 바람이 물소리와 합주를 하고

구름은 다시 몸을 굴려 밤빛을
황홀하게 바꾸어 놓습니다

바다의 시간

파도에 올망거리며 달라붙은
바다의 활자들이 튀어 오르면
바닷물에 불어 늘어난 시간을 재면서
속초 영금정을 걸었다

두렵지 않게 마주 오는 바람은
머리카락 사이로 거품을 쏘아 올리고
술렁거리던 파도에 슬그머니
답답한 가슴은 비워지고 있었다

사랑은 시간에 새긴 서사시

틀어진 퍼즐을 놓고 잠시 네 생각을
하면 발꿈치가 가벼워진 기분이야
몇 가지 좋은 기억이 더 오래 남아
흔들고 가는 일은 가을에만 있어도 살만해

내가 너를 더 좋아한 것도 아니었어
분명하게 혼잣말로 선 긋자마자
도미노처럼 무너진 조각들

아니야 나도 널 사랑했어
말하고 나자 다시 정리가 돼
억울해하지 않는 게 좋겠어

지금은 너를 기다리는 일보다
내 어깨 스치는 가을바람이 다가와
속삭이는 게 더 좋아져

너의 한마디마다 움찔움찔하던
내 심장이 변형되어 성장했던 일로
사물을 바라보는 눈이 넓혀졌으니

고마워
너랑 있던 그 가을부터 시작된
호흡이 달라진 것에 대해 기뻐

나의 하루를 얘기하려고 꽃무릇을
만나러 선운사에도 갔고
두물머리에도 자주 갔어

낙엽이 처량하게 떨어지면
가을과 이별의식을 치르기 위해
민둥산 갈대를 찾아 시를 만들어

그 가을이 너에 대문으로도 찾아가
분명 벨을 눌렀을 거라고 쓰면서
노을이 지고 다음 날 또렷해진 해가
다시 시작된 하루하루의 의미를 주지

머리 까딱까딱거리며 이해하고
스스로 흡족하며 사는 중이야

K에게

이름 하나 내게 떨구고 사라진
그날부터
별로 가슴에 남은 너

달콤한 꿈길로 종종 와선
서글픈 드라마 한 편씩
찍게 하더니

배우 해도 될 만하니
통 보이질 않아

진짜로 별이 된 거니

겨울 동백꽃 같던

가을꽃들 다 보내고 저 홀로
화려하고자 그랬던 건 아니겠지
허허로움으로 배를 채우고도
곱디고운 저 화려함 속 순결한 색채

그런 네가 요즘 좋다

담뱃값도 없어 보이드만
에스프레소에 더 진하게 샷 추가
유유자적한 교만함 뒤에
무언가 감춰진 지식의 비밀 같은 멋

그때 나는 그런 네가 더 좋았다

사랑 2

너 때문에
나의 미소가 생긴 거라면

앞으로 나의 목표는
너 하나 행복하게 하는 거라네

이거슨 그때 그 넘이 한 얘기다

햇볕의 이적

건달처럼 쌀쌀맞던 바람이 꽤 오래
달래던 겨울을 데리고 갔다

놀이터 전나무 몸통을 훑어 머리에
전입신고를 마친 햇볕이

그네를 향해 달려온 아이의 뺨으로
그 사이 주소를 옮기고 있었다

가난해서 2년에 한 번씩 이사를 한다는
모모 씨에게 햇볕을 보내주고 싶은

오늘의 나른한 상상엔 햇볕이 있었다

계절은 그렇게

괴테와 헷세를 만나 책 속을 거닐다가
아지랑이 사이로 그리움이 키워졌다

봄이 몰고 나온 꽃에게 서슴없이 말을
건네는 저 여인의 혼잣말 갱년기다

지금이 행복한 시간

차갑고 어두움 뾰족함 이런 낱말은
겨울나라에 잡혀 꽁꽁 얼었다고 해요

힘겨웠던 시간만큼 꽃으로 대신하나요
지나간 기억 같은 거 사라진 지 오래됐어요

사랑일까 하고

매 순간의 기다림
행여나 하며 여러 번
밑줄 긋는다

그림자가 지워진
저녁이면
네가 못 오겠지 하면서도

담 넘어 기웃거린 마음과
덜컹거린 내 숨소리

너에게 집중된 중력들
내게로 끌어다 놓고
겨우 잠을 청한다

회상을 가둔 강가에서

부도수표처럼 가벼운 서약들이
무의식의 손끝에 닿은 것 같아 돌아보니
찬바람 되어 모질게 도망칩니다

겨울 강 차지한 청둥오리 날갯짓 고고한데
그대가 놓고 간 하찮음이 출렁출렁
남한강 하부를 돌아 봄으로 돌아 나옵니다

겨울에 날아든 안부

써 놓고 부치지 못해 삼킨 그리움
창가에 하얗게 날아와 부딪힌다

참지 못해 방황한 시간이 아쉬워
겨울 우체통 가득 얼었다

우리 손 흔들어 잘 가란 인사했던가
몇 번 건네고 싶었던 꼴랑 그 자존심

하얗게 대신한다 많이 그리웠다고

여심

기다리는 일은 돌에서
꽃이 피길 기대할 만큼
기약 없기도 합니다

허공이 너무 무한하여
한 방향으로 앉아있어도
저 뒤쪽 어딘가에서
느닷없이 다녀갈까

늘 조바심으로 긴장합니다

각인

네가 물들인 내 심장의 색
너무 짙어 지울 수가 없었네

네가 장난처럼 뱉은 한마디
떠나고도 환상 속에 상영되었네

사랑해 사랑해 미친 말

슬픔 활용법

사랑이 별거더냐고 외치던 그녀가
티 나게 달라진 미소로 나긋나긋할 적에
백일 간이나 꽃피던 그녀의 시간을
몰래몰래 응원했었다

더 이상 밤하늘에 별이 없을 것 같은
상심한 얼굴로 트로트를 흥얼거리며
어깨를 들썩이고 술잔을 비울 때

아프거나 힘이 들 때는 대놓고 울 것을
응원하며 토닥토닥해주었다

때론 휘청거림이 살 만해

바람의 어깨를 빌려 손짓하는
코스모스의 가장무도회에 기웃거렸지

시리게 감춰진 가슴 밑면에 이야기
흘러내리게 할 수 있었어

과장된 몸짓으로 몰입하다 멈추면
호들갑스럽던 자신만 덩그러니 남아

사랑이 그렇게 왔다가 간 것처럼 대부분
가을이 그렇게 지나가지 연중행사처럼

철거된 인연

꽤 오래 바이러스가 묶어 둔 거리
보고 싶다는 얘기들도 밥 먹었냐는
인사치레처럼 되어 가

만나야 하는데 그렇군 이런 말로
핑계를 대고 사이를 벌려 홀가분해진
관계가 있어 다소 편하다 했으니

본의 아니게 붙잡아 맨 시간
그 안에서 감정 같은 거 걸러
잘 비우고 맑은 고독을 쓰는 중이므로

서로에게 좋은 일이라고 생각한다

4부 · 안개 수사법

안개 수사법

은밀한 지점에서 아련함으로 혼란을
주었다는 그들은 꽤 여러 지역에서
출몰한다는 소문이 흉흉하게 나돌았다

장막을 치는 것들은 다분히 저의가
있어 아무도 그들의 신상에 대해
대놓고 따져 묻지는 않았다는 것

문맥으로 낮게 깔아 문장을 이끌면
제법 괜찮았다는 시인들이 증인으로
나서기 시작했고

어제도 고양이 걸음으로 소양강을
미끄러지듯 건너가더라는 시어에
웬만한 감정들은 소진을 다한 듯

마침표를 찍었으니 여전히
오리무중이라 할 수 있겠다

산수유

매화가 먼저 나오겠다고 했을 때
차분하게 기다렸을 것이다

저것이 개나리 같기도 하고
생강 꽃 아니냐는 몇몇 분분한 설로
이들이 주눅 들지 않고 당당했으면 한다

살다 보니 진실이라는 것이 두 개인
경우도 있습디다

영화 '모가디슈' 대사가 떠오른 날이다

이너피스

찬란함은 흩어져서도 반짝거리지
별빛 햇빛 그리고 그날의 눈동자

눈 속에 담으면 무엇이든 반사되어
화르르 빛으로 변한다는 생각을 했어

제대로 응시한 적 없었지만 늘 환해서
빛나는 눈동자라고 기억하는 것도 포함

어이없이 지난 이야기에 항복하게 만들고
게으르게 나오는 햇볕을 손안에 가두어

손가락을 하나씩 펴는 일은 요즘
베란다에서 시도한 봄맞이 놀이지

터널에 가둬놓고 다시는 밝은 곳에
나와서 웃고 싶지 않았던 마음들

혼자 놀기의 여러 가지 시도는 늘 하고 있어
환하게 비추면 나가볼까 마음먹기도 하는

내 멋대로의 하루가 나를 흔들 때도
나름의 사는 맛이라는 생각이 들었어

쁘떼뜨*

화려하면서 건조한 봄 편에
어달해변의 풍경 한 점은

지난 밤 등대가 받쳐 든 달님을
포착했다는 소식이 있어

불면으로 눈이 퀭하던
가상공간의 아침을 밝힌 셈이다

*쁘떼뜨(peut-être): '아마', '어쩌면'이란 뜻의 프랑스어.

어루만지다

네가 지쳐 보이면 내가 다가갈게

향기롭다는 표현들 허브팜 꽃들에게로
일제히 쏟아부어 놓고 전쟁과 평화를 떠올렸어

몇 평 안 된 집 안의 무대에서 지쳐
자칫 위험했던 친구를 불러내

가슴에만 머물러 써 본 적 없었을 언어들
원 없이 꺼내어 쏟아버리게 했었지

햇살과 바람이 식물원에 그려놓은
봄날의 안내와 벗들이 함께 밝혀든 풍경

로라는 잠시 잃어버린 것들을 찾는 듯했어
파랗고 까르르한 미소들 아주 사소한 것들

사는 건 별거 같아도 아주 별거 아니거든
공감대를 툭 건드려서 약만 잘 발라도 되거든

이별은 때론 애첩인 것처럼

꽃들은 봄바람에 맞서지 못하고
돌아선 그날의 이별처럼 슬픈 낱말로만
무겁게 기웃거렸지

수첩을 만지작거리는데
너의 번호는 이미 사라졌고

꽃대만 남은 가지에 내 마음을 올려
미움 섞인 설움들을 꽃 대신 매달았지

누군가의 안부가 궁금하다면
분명 너는 아닐 것이라 말하면서
핑계 댈 일 생기면 너를 나쁘게만 사용했는데

'해방일지'라는 드라마 때문에
너의 기억을 다시 바르게 펴 써넣었어

이제야 너에게서 해방된 것 같아 좋아

너를 보내듯 봄도 지나갔다

한참 전에 연두를 다 틔워놓고 돌아간
뒤를 따라 장미와 찔레의 당돌하고
뾰족한 인식은 떠나는 것들을 잊게 한다

밤이면 구름 가지에 숨은 별들이
나올 때까지 바람의 숨에 기대 짐짓
순한 눈망울로 내숭 떨기 했었고

봄 무렵의 힘겨움을 가라앉히느라
손바닥으로 명치를 눌러 치밀어 오르던 것들
벚꽃 이파리 따라 흘려보내려 애썼다

쏟아진 메시지들을 무시하고 조금 더
딴청 피우며 여름 일기에도 냇물의
흐름을 부지런히 쫓아다닐 거라고

일부러 무리를 이탈하여 고독함이 주체가 된
나만의 계절을 면밀하게 살피다 귀 멀어
사람 소식보다 자연의 소리에 더 집중하고픈

아직까지는 그렇다

비에게서 빌려온 문장

소양강 둑을 포위하고 길게 누운 안개가
어제부터 산고를 치러내더니 기운 빠진
어미의 안색처럼 도시는 온통 어두워요

최근 산딸나무 가로수로 바뀐 거리는
조막만 한 산딸 꽃이 울상을 짓거나 말거나
빗방울이 날개를 펼치는 묘기를 부린다며

노트북을 꺼내 이런저런 글을 치자
물결 모양의 그리움도 잇달아 만들어지는
비 오는 날에 대한 기본 감정이 이어지죠

내 고향 남쪽 청보리밭을 건너온 비일까
유독 지천으로 헤프게 웃어대는 금계국의
노란 아우성까지 끌어다 몰입하면서

제법 화려했던 6월의 수식어가 하루 동안
구름에 연행되어 꼼짝없이 갇혔다는 엄살로
슬프게 적어놓고 싶었어요

온종일 빗소리가 지배하는 곳에서 볼모로 잡혀

글쓰기 하나 마쳤다면 괜찮은 날인 거죠?

꽃으로 잊어도 되면 봄날이겠지

차단하고픈 불안은 높은 음계의
화색으로 대처하는 것도 나았어

웅크림에 진통이 오면 화악 솟구쳐 내
찬란함의 때가 마음에도 봄이라고 생각했거든

추운 바람의 감시가 시도 때도 없는 춘천은
새싹들만 베이스를 깔아놓고 부추김이 오래 걸려
남쪽으로 가서 품에다 봄을 들이기로 했지

끼어들어 주인 행세하는 바이러스
모두가 피해보려고 했었나 봐
모여든 염원이 주차장부터 굉장했거든

기다려도 올 줄 모르는 그리움까지
한참 전에 다녀간 사랑의 여진이 남았다면
멈출지도 모른다는 생각을 했지

꽃 등불 켠 매화 언덕 화르르 천 개의
잎을 세우고 세상을 밝혀 들고 있었어

초록에 반하다

덧칠한 겨울은 봄이 되자 가벼운 시도로
이파리 깨우며 꽃피우라 지시했기에
참을 수 없어진 여인들은 길을 떠났고

지나간 계절들이 스며든 편백나무 숲
작년 여름 소쩍새가 놓고 간 노래 위에
여자의 웃음으로 화음을 입히고 왔어

유독 맹렬하게 맞이한 봄

어젠 봄바람이 햇살을 너무 세게 굴리던걸요
속절없이 휘날리던 벚꽃의 행간에서 알싸한
언어를 찾아내려는 여자의 눈동자도 매웠죠

풍경을 눈으로 잡아당겨 꿰어져 나온
서정들이 꽃잎 되어 날아오면요
챙 모자를 벗어 발랄하게 담아내죠

초록의 물컹이는 민낯을 더듬거리며
자연의 시간에 기대는 건 말이죠
사람 속에서 아팠던 그 속을 삭이는 중이어요

불안할 땐 딴청 피우기

코페르니쿠스의 지동설을 얘기하며
여자는 뜬금없이도 웃을 줄 알았고
봄으로 돌기 시작하는 지구본을 손가락으로
튕기자 전국에 만개한 산수유 소식이다

목덜미에 차가움이 앉았던 자리는
햇볕의 스포트라이트로 따스해졌고
마침내 봄은 공연 티켓을 바람 편에 향기로
전송한다는 소문이 꼬리를 물어 분주해졌다

올봄의 향연에도 매진으로 예상되었으니
코로나19의 위협은 곧 힘을 잃어갈 것이다

잘 있었니

구곡폭포가 초록을 휘감은 봄 속으로
한겨울 냉랭하게 단절했던 오해를 풀고
봉화산을 오르며 소식을 묻는다

너울대는 꽃물결에 잠시 숨을 고르며
진달래 만발한 사월에 기억을 숨겨온
산비탈 바위틈에 그리움 놓고 오면서

그곳에 가면

봄바람 끝에 여름 살짝 베어 문
햇살 알갱이들 살살 교대를 시작하고

진달래 붉은 울음 뚝 그쳐 시들면
청보리 노랫가락 야무지다

때맞춰 꿈틀대는 땅속 풀벌레 울음
주워듣고 오디 열매 통통 차오르고

오랜 시간 늙지도 않는 별 무리들
저 멀리서 나를 수색한다

시인의 사월은

이제는 하얗게 꽃등을 켤 시간
사월의 환희를 지휘하는 벚꽃은
향기를 조율하려 햇볕을 유혹하고

힐끗힐끗 가슴을 다스리다 결국
꽃을 탐하고 환상적 언어를 쓰다가
시국이 목에 걸려 재채기를 한다

봄을 기다리는 일은 너를 기다리는 일

허공은 바람을 조율하여 훈풍을 일으켰고
입춘 열차를 타고 올 것만 같은 날의
아침나절은 플랫폼을 향하여
지나가는 이들과 상냥하게 안부를 물었지

하루를 허비하고 돌아 나온 어설픔에도
뒤꿈치가 땅에 닿지 않는 걸음을 했던 건
다음 봄이 올 때까지 남은 갈증이 있었기에
비인 가슴에 안기는 바람까지도 달콤했거든

봄의 하울링*

끝내 튀어 오른 벚꽃은 고작 몇 날
그네를 타며 한겨울 떨었던 나의 과거를
말끔하게 지워냅니다

조금 더 성장하고 싶었던 나무들의 수다
개나리 떼를 발견한 벌들의 깜박거린 눈빛
평화로운 웅성거림은 점점 커지고

보고 싶었다는 고백을 말해주는 것 같아
수줍은 화답으로 피어오른 꽃들
사랑이라고 언급해 놓겠습니다

수양버들 늘어뜨린 머리채 냇물에 닿을 듯
말 듯한 푸른 기운을 딛고 여름으로 가려는
개체들의 언어는 기다림의 순번이 있습니다

*하울링(howling): 어떤 장치의 출력이 입력 장치로 들어가서 증폭되어 다시 출력되는
 일이 반복되는 현상.

봄비로 인해 다시 쓰는 홍매화 프로필

앞장서서 봄을 업고 한없이 뽐내던
지난 시간을 반성합니다

조신했어야 했는데 기나긴 겨우살이로
풀려버린 허리끈을 단속하지 못했네요

겨우 몇 날 반짝 치러낸 화양연화
다음 해 봄까지 어떻게 기다리나요

가만가만 밀어내는 빗소리에 젖다가
엉망으로 가야 할 시간이 아쉽기만 합니다

베란다 건너편에서 벌어진 봄

초록 아파트에 목련이 지난밤 비바람에
저 혼자 살아남았으니 수상하다고
경비실의 신호로 동네가 쑤군거린다

방금 동박새가 지난밤은 너무 캄캄해
동백꽃 대신 품고 있었던 것 같다며 고백을 놓고
가는 바람에 일단 멈춘 이 봄의 소란은

그 옆 수선화와 꽃잔디까지도
뭔가 찔리는 구석이 있는 것처럼 소곤소곤

아 차 봄이 복판까지 찾아온 거구나

날이 더 밝아 오르면 지고 만 벚꽃 잎들
가는 길에 이팝 조팝이 피어오르다
손 흔들어 보내겠지

철쭉 작년에 거기서 딱 기다리라며
바람 편에 기별을 넣고 분주해진다

고향 생각

살아오면서 잠시 이탈했던 기억들
오늘 저 감꽃이 기억을 받쳐 들었다

감꽃이 자꾸 떨어진다고 울었더니
감꽃이 떨어져야 감이 열린다 하시며

감꽃 목걸이를 만들어 주셨던
내 다섯 살 적 아부지 삼십 대였는데

떨어진 감꽃 위에 그리움 뚝 떨군다

여전히 그때처럼 봄비 내린다

빼앗긴 들에도 봄이 온다고
이상화 시인이 가슴 치며 써 놓으신
그때의 봄이 아지랑이 사이에서
고개 내민 냉이를 데려왔다

혹독한 시련과 추위가 누그러지면
목련 이마를 딛고 개나리 허리춤을 지나
말발굽 아래 서민의 가슴은 좀 살만했을까

눈뜨면 저 멀리 앞산에서 나온 해가
동네 샘터에서 늘 측은하게 머물다
일그러져 재 넘어가더라며

아버지 일기장의 봄은 언제나
약간의 절망들이 묻어 있어
한 페이지만 읽어도 마음이 시렸었다

꽃 멍울로 대롱거릴 때쯤 진달래를 쫓아
발길은 지리산 피아골을 향해 달렸고

지리산 정상에서 수차례나 발아래의

새벽 운무를 뚫어질 듯 바라보곤 했다

만물을 한 뼘씩 자라게 해 주려고
기어이 이 비에 젖어야만 하는 것이기에

살아온 모든 날들의 순리에 대해
꽤 늦은 나이에 의문을 접었다

5부 · 살며 살아가며 그밖에 시가 되지 못한 날들 중에서

그 여자의 에필로그

빗살 무늬 햇살 속에서 봄날의 아지랑이와
만났을 때부터 그 여자는 춘천의 이모저모

널뛰는 마음을 따로 가라앉히지도 않고
서술해 놓기에

다들 읽고는 꼭 춘천에 가고 싶다 하지요

친구랑 수심 얕은 미나리꽝 풀숲에 앉아
릴케 시인에 대해 얘기하던 그때도

속으론 가장 힘든 나날을 보내고 있었지만
그 여자 옆에 있으면 다들 재밌다고 했어요

덩달아 주변인들을 통통 차오르고
싶게 하는 사명감 같은 게 있다고 했어요

'봄처녀 제 오시네 새풀 옷을 입으셨네'
그 여자 소프라노 가수처럼 가장 높은 음으로
베란다에서 봄노래 공연도 혼자 자주 해요

사실 요즘은 전에 알았던 모든 노래들이
자주 가라앉아 두려움이 생겼다고 했어요

쓸쓸한 것들이 너무 쉽게 접근해
밖으로 표시 나지 않게 사느라

더욱더 껄렁껄렁하기로 작정한다는 건
아무도 모르는 일이잖아요

꼭 털어놓지 않아도 각자
슬픔을 해소하는 방식으로 사는 거라 생각해요

당신만 아프고 당신만 힘들고
그런 게 어딨겠어요 가만히 생각해 봐요

자신의 슬픔을 확대 해석하느라
아직도 나만 불행한가에 대해서요

그 여자의 슬픔 활용법 좋지 않나요?

지난 주말은 유독 화창해서
기분 좋았습니다

자유라는 언어는 수시로 호시탐탐
우리들 마음을 공략하는 중이지요

자유는 방종과 철저하게 구분만 잘 지어
사용하면 그리 염려되는 것도 아닐 테지만

우리는 자유 하면 갖고 싶은 것 하다가
못 갖겠으면 방종처럼 여겨버린다는 것이
문제지요 저 여잔 살림 안 하나 하면서요…

멀리 길 떠나보면 자유로움이 주는
감정은 일상에서 밋밋하게 굳혀진 언어보다
새로움이 꿈틀거려 살맛 나게 합니다

창작이 말라 시들하던 내게
순수한 농장의 개 짖는 소리가 화들짝
눌려있던 이기심을 깨우치게 하고

철썩거린 파도는 채찍으로
내 좁아터진 생각을 다그쳐 물러나게 하구요

시인이 쓴 말은 될 수 있으면 날카롭지
않았으면 한다는 가르침을 배웠기에

자연에서 본 상관물들이 옮겨지면 훨씬
맑고 객관적이어서

대신 전달하는 맑음이라도
구경하다 보면 개인 간에 일상의 답답함도
나아지겠지 하고

나가지 못하면 사진작가님들이 대신
옮겨다 준 곳을 상상하며 끄적일 수 있어
좋았기에 말이죠

차 없는 길 바위 소나무 숲
저들이 건네주는 말들에 대꾸 없었어도

머라고 머라고 주절대면 옆 사람들이
이상하게 생각할 때가 더 많지만

자연과 쉴 새 없이 내 방식으로 교감하다

보면 그들의 언어가 가슴으로
스며들기도 한다는 건 알라나요

때론 멈춰서 춤으로 칠랄레팔랄레
내 방식의 자유인처럼 표출하고
돌아오면

늘 보던 집안의 가구와도 산뜻하게 낯선
시작을 다시 합니다

겉만 보고 아웃사이더 같다고 하지만
전요 밝게 말하고 주변을 웃게 하고 싶어 합니다

규칙과 질서를 철저하게 지키며
자신에게 엄격한 시간을 쪼개서 관리하는
인사이더인걸요

과거에도 미래에 대한 생각은 늘 같았어

베란다 건너편 하늘은 늘 내 상상의 나래
월셋집에 살아도 조망권은 놓치기 싫었던
긴 시간의 상상은 몸이 고장 날 만도 하지

속 어딘가에서 내 의지와 상관없이
면역체계가 무너지기 시작한 현실을
지금 맞고 있어 중년 말이야

아랫입술 안쪽이 짓물러 뭔가 닿으면 쓰라려
빵조각을 간신히 녹여 목을 넘기니
못나게 낭비하고 온 십수 년의 시간이
꾸역꾸역 나와 맞서는 기분이 되었어

살아온 표정에서 지난 시간의 고독을
들키지 말자며 발랄하게 말하지만
목소리가 늘 가라 앉아 말썽이야

뒤척이다 마주한 새벽녘 싸한 공기는
평생 나를 흔들리지 않게 지탱해 주었지

이슬 냄새를 가져다준 바람과 아직도 할

이야기는 많이 남아 있고

흘려보낸 시간들도 곱게 포장하고 살면
능력처럼 보이는 글쓰기로도 살만하다 했지

한낮의 헛헛함은 찬란한 카스 문화에
동참하려고 다양하게 배경으로 남긴
인증샷들은 또 다른 우리의 훗날이기도 하지

그때가 참 행복했다고 더 훗날 흐린 돋보기로
부정확한 발음으로 웃으려 하면

임플란트나 틀니 사이로 바람이 들어서 시리거나
그리워서 시리겠지

오랜만에 당신을 만나러 왔습니다
- 두물머리 강에게

장마 태풍에 살아남았지만 늘어난 바이러스
찜통더위가 기다리고 있었기에
모두가 제법 험난한 여정을 거치는 중이어요

한여름 당신의 의연함을 내 눈 속에
담아두어야겠다고 생각하고 늘
당신에게로 가고자 한 마음이 있었어요

채비를 여러 번 했지만 혼자 올 수 있는
교통편이 아니라 포기하기도 했지만요

여름은 당신의 머리맡을 벗어나 가슴 쪽에
머물고 있는 듯 쨍쨍한 팔월에 와 있어요

끓었다 식었다 요동치고 지냈을 당신의
흐름 사이에 잠깐의 안쓰러움 어머 자세히 보니
핏기 빠진 내 얼굴이 그렇게 비쳤군요

평생 저울 눈금에 변화 없다고 장담했지만
몇 그램이나 빠져나가 형편없어졌습니다

봄부터 당신이 척척 받아내 준 덕분에
잘 견뎠다고 괜찮은 척 말해주려 했지만

탐스러운 수국꽃을 보려고 멀리
떠났다가 아파서 되돌아오는 일도

여러 번 체해서 고통스럽던 일도
그런 것들은 아무렇지 않았다고

소식을 차단하고 맑아진 정신을 제자리에
유지시키려 발버둥 치며 지냈다고
혼자 삭히려 했습니다

처방받은 약 한 알도 먹지 않고 평온해진 일
의사선생님이 알면 실망할 테지만

생각해보니 원래 나는 자신에게는 철저한
군인정신이 있었기에 쉽게 제자리에
올 수 있었지 싶어 그것만 말하려고 했어요

인생 후반전에선 절대로 무리 속에

섞이지 않고 멀리 비켜서 살아내려고 해요

더 고독하거나 웃음기가 없어져
빨리빨리 늙어도 괜찮을 것 같거든요

중년의 감정은 수시로 변덕을 부리다

지금껏 사용하고 남은 감정을 비워낸 만큼의
한켠을 떼어 이번 오월엔
오롯이 아름다움만 일구고 살까 봐요

풋내기 스님처럼 몰래 고기 생각나겠지만 잘 익은 산딸
기로 대신하며 수행자 흉내를 내더라는
일화처럼 나머지 감정들을 무시하며 살아질까요?

슬픈 구석들은 이제 비틀거리며 대충 사라졌어요

햇볕에게만 세를 놓겠다고 으름장을 놓고
침범하는 애매한 감정들에겐 눈치를 줄 거예요

석양이 드는 창가에 욱신거리던 오른쪽 가슴
그 자리에 차지한 그리움까지 완전하게
쏟아버렸다고 큰소리칠 겁니다

작가 미상의 노래를 허밍으로 깔아놓고
매일 흥얼거리더라도 수상하다 하지 말아요

봄이 시작될 무렵부터 남쪽에서 몰아닥친

섬진강 매화 소식에 널뛰던 감정을 간신히
가라앉혀 두었던 일로

또다시 오월 앞에 다짐을 해 두는 거예요
아직 통제가 어려운 몇 가지는 그대로
둘지도 모르지만요

영영 멀어서 다신 볼 수 없는 그대라든가
남쪽에서 몰고 온 고향에 관한 이야기는
억지로 막아내지 못한다는 거 알잖아요

밤하늘에 달을 보면서 오월엔 내 일상의
묵시록*을 작성하는 가벼운 놀이를 시작했어요

---

*묵시록: 신약 성경의 마지막 권. 흔히 직접적으로 드러내 보이지 않고 은연중에 뜻을 나타낸다는 뜻으로 쓰임.

바이러스 시국으로 변하던 시점에서

어김없이 봄이 오고 연초록의 들판을 향해
달리고 싶어 근질거린 주말이면

여자는 평소보다 정성 들인 식단을 차리느라
일찌거니 나름 계산된 움직임 하에
기꺼이 찌개에 간을 신경 쓰는 중이다

적당히 흥분된 톤으로 창밖의
날씨가 얼마나 화창한 주말인지에 대해
이부자리에서 꿈틀거리는 남자에게
들리라고 쫑알거리면

세상 무딘 남자라도 다년간에 감으로
눈치 제로에서 시작한 관계였을지라도
차에 시동을 먼저 거는 정도는
30년 살아온 내공으로 순조로운 진행이다

춘천과 홍천의 경계 지점에 팔봉산 구 길로
지나면 팔봉산이 삐죽삐죽 고개 내밀어
홍천강을 훔쳐보는 느낌이 야릇한 코스를

여자가 좋아한다고 오래전에 입력이 된 코스를

남자가 깜박 잊고 편해 보려고
네비를 켜 네비가 안내한
고속도로로 생각 없이 갔다가 혼난 적 있다

기껏 퍽퍽한 감정의 고속도로를 달리러
드라이브 나왔겠냐고
감정에 흐름이 더 조각날 수도 있다고

센스가 없다고 했기에 오늘은
운치를 감상하는 구길로 신중히 들어선다

얼다가 풀리면 나무의 키에 따라
어둡거나 맑기도 하고 구불구불 국도를
활강하듯이 휘릭 휘릭 달리면

비발디파크의 겨울 눈썰매
고급 취미를 누리던 이들의 겨울 레포츠가
마감을 하고 너덜거린 모양으로

언덕배기엔 듬성듬성 쓸쓸하게 드러난 눈이
봄바람 소리 자장가로 지친 숨 고르기
하는 것처럼 보인다

30분을 달렸으니 여자가 자신의 감정에만
치우치지 말고 무단시도 한마디 스윽
걸어 줄 겸 남자에게 말을 건넨다

저렇게 고상하게 스키 타는 취미가
당신에겐 왜 없었을까나…?

(사실 말 걸고 제때 맞춰 들은 적 없는 충청도 양반
대답을 굳이 듣자고 한 말은 아니었고…)

30년의 쳇바퀴가 돌아가면 그렇게 알고
각자의 특성에 맞춰 이해하면 잘 굴러간다

몇 달 있으면 그 옆 오션월드를 핑계로
외진 특별구에 전라의 연인들이 활개를 치고
정지된 차선이 마비를 부르기도 하는 곳

어쨌거나 그 시기엔 도로가 마비돼 성질 급한
여자 휴가철 핫한 그런 곳엔 절대로 안 간다

이런 계절쯤에 한가로이 지나보는 건

시 쓰는 여자의 감정선에 고조를 키웠나 보다
감정의 제어가 풀어진 그런 상태에서
갑자기 노래를 크게 불러 젖힌다

여자의 기분이 아주 좋다는 액션이기에
시끄럽단 얘기를 절대로 안 하는 남자다

여자가 눈치 같은 건 볼 필요 없는 유일하게
맘대로 해도 되는 사람이라고 믿는 눈치다

홍천강 돌아가는 모곡 유원지 여름 빼고는
사람이 얼씬거릴 이유 1도 없는데
코로나 때문에 올핸 회귀 현상이 생겨났나

텐트와 차가 들어가 고기를 굽는지 연기를 피워
분명 여름에나 있던 희한한 경치가 앞당겨졌기에

어디서들 몰려들었을까 엄청난 인파에
그 대목에서 '어어 저거 뭐야' 모처럼 똑같이
처음으로 같은 느낌표의 말을 뱉어냈고…

가는 길 쪽에 살짝 비켜서 자리한 이 코스에
몇 번 들렀던 카페를 쉼터처럼

운전한 남자에게 담배 한 개비도 태우게
배려를 할 이때가 한 시간 흘렀으니
차도 사람도 휴식은 해야 될 시간이다

여자는 아침 겸 점심으로
수제 호두파이 한 조각 카페라테와
요기를 할 요량이다

주문하면 그때야 만드는 수제는
한참 기다려야 하니까 덕분에
사진을 찍을 수 있어 일석이조쯤의 호사로

이곳저곳 찍을 것 많아 남자를 움직여
인조 미소를 재빠르게 지었다 말았다

여자가 사진에다 요사를 부릴라치면

사장님의 알다가도 모를 흘깃흘깃은
저번처럼 또 몇 번 느껴진 바 있어

오늘은 여자가 시집 한 권 드리며 덧붙여
부부임을 굳이 말해야겠더라며…

아무도 없는 오전 11시쯤 꼭 들어가
중년 여자가 한껏 개폼을 잡고 사진 찍고 하면
애인 데려와 지랄한 줄 아셨을 터…

어머 시인이셨군요 어쩐지…
(어쩐지는 뭐!)

담부턴 소극적으로 드나들지 않아도
될 것 같아 다행이라고 (혼잣말을 했다)

드라이브 코스에 호두파이는 빠네파스타만큼
여자가 즐겨 먹는 아점이라 신나지만

이때쯤 남자가 당당한 한마디를 하는데
본인은 집에 가서 밥 먹을 것이라고 안 먹겠단다

(넌 아침밥 먹었잖냐 물론 속으로 대꾸해주고)
(속으로만 말해야 할 때가 따로 있다)

운전 못한 여자는 누구에게든
운전자 우대를 나름 매너라고 지키는 기준이 있단다

하루 몇 마디 안 하는 남자에게 구지나
너는 왜 말이 없냐

성격이 독특한 여자에게 너는 왜 모가 나냐는 등
서로 다른 성향에 대해 타박을 해 본 적 없다

처음부터 사랑하냐고 쓸데없는 질문도
해 본 적 없는 이들 부부

생일이라고 결혼기념일이라고 남들 다
한다며 구태의연하게 남자를 귀찮게
선물을 내놔라 하지도 않는다

여자로서 살롱거린 적 없어도
매사 시비 한 번 걸지 않고 수용해주는 남자

말다툼 한 번 할 건수가 안 생겨 그 대단한
미운 정도 없는지

세상에서 제일 편안한 이 특별한 조합의 관계는
부부라 해도 아마 몇 없을 것이라고 장담한다며

소리 좀 지르고 살아야 목소리도
트인다는데

너무 저음인 것을 염려해 수시로 노래를 불러
제치는 여자다

여자가 나름의 탈출구를 찾았듯
말 없는 그 남자도 사실은

소주를 몹시 사랑한 거 보면 본인만의
탈출구일 테지 서로를 존중하는 중이란다

오월이 갈 때 내 추앙 드라마도 갔다

햇살 감질나던 오월 드라마 한 편이
중년씩이나 된 여자의 삶을 무자비하게
점령해버리고 떠났다

서슴없이 꿈꾸는 이상향 같은 것은
더 이상 없었는데

선입견 편견투성이의 현실과 달리
그 어떤 것도 따지려 들지 않는

구 씨와 미정이의 이상스런 정신세계가
내게도 원래는 있던 것처럼
꽤 오래 머물렀었다

가슴이 황망한 듯 기분 좋은 듯
무기력하게 그 둘을 내가 따라다니며

숲속에 앉아 아무것도 하지 말고
세월을 낚아야 할 것 같은 몽롱함이다

깡패였던 구 씨보다 시골정서의 미정이가

하는 말들은 종종 구 씨를 더 섬뜩하게
할 때가 있어 피식피식 따라 웃었다

그렇게 구 씨와 미정이가 평범하지 못한
추앙 라인을 이끌어 갈 동안

그들이 뱉어낸 특별한 말들이 평범하지 않아

상식들을 뒤집어 그것이 폭풍처럼 몰고 와
내 자리로 쉽게 가지 못하고 떠도는 감정을
떨쳐내려고

태양이 가장 쨍한 시간을 택해 하천길로
뜀박질을 하고 헉헉대면서 정신 차리게
펌프질을 하기도 했다

어둑해지면 빨리 꿈속으로 달려가

지난달에 목 잘린 꽃송이들의 비명을 찾아
뜬금없어도 슬프게 울어보곤 했다

드라마와 그렇게 뜬금없이 한바탕
이상적인 연애를 치른 기분

간혹 들개가 으르렁대는 그 둘이 오르던
갈대 언덕을 아무 두려움 없이

거칠게 걸어보고 싶다든지
이해 안 되는 짓들을 따라 하고 싶었다

요즘 학생들마저도 연인이 되면 쉽게
몸의 언어를 마구 사용한다지만

단 한 번의 입술을 스쳐 간 거 말고는
환상적인 꿈의 설정은 일체 없어

거칠고 개운한 맛 대체 이게 뭐지?

서로 간에 침묵이 많아서 보는 우리가
남은 언어들로 활용해보기에 독특했던 여백미

에스프레소 끝맛처럼 오래오래 그 잔향에

몇 날을 허우적대고 있지만

이대로 쭉 허무하게 살다가 일 년에
5분만 툭 미소를 흘리고 살아도 될 것 같았다

드라마 하나가 사람을 폐인으로
만들었지만 폐인이 된 내가 더 낳을 뻔했다

무기력함 찬찬히 마주보기

끝내 놓지 않으려 새벽을 입에 물고
필사의 힘으로 버티다 돌아가더라는
어젯밤 어둠에게 뜬금없이 애도를 한다

우는 것이 워낙 서툴다는 주인공 미정은
자신이 문제라 늘 버려진다는 힘겨움에
새벽달을 붙잡고 반듯하게 서서 울면서

나를 떠난 남자들은 지금까지
다 개새끼들이었다고 섬뜩한 표정으로
들개에게 덤비라고 한다 철철 피를 흘리고 싶다며

이상하게 그녀의 슬픔을 내게로
옮겨오고 싶은 마음이었다

추앙 드라마를 다시 처음부터 정주행해도
같은 구간의 감정은 늘 똑같은 몰입도

밤새 어둠을 놔주지 않기로 작정했던
시간이 이제 와 마주한 지도 모른다

장미를 놓치고 막대만 남은 가지를 들어
이건 뭐여요? 묻자
그거 제 맘이어요 하고 뛰어간 남자에게

웬 막대기냐 미친 거 아닌가 돌아 섰을 때
목이 부러진 장미 한 송이 계단에 누워 있어

화병에도 꽂지 못할 당신과 나의 모습 같아
안쓰럽다며 간장 종지에 눕혀 놓고는

내가 안 쳐다보면 더 애처로울까 봐
이렇게 바라보고 있다는 주인공 언니의

대사까지 내가 다 가슴에 챙기고 말았다

갑자기 나를 흔들고 지나간 일들이 방향을
틀어 안기면 더 긴 서사가 쓰일 것 같아

서둘러 다 내쫓아 버리고 홀가분하게
베란다로 가 내가 이 나이에

새벽하늘에 별무리를 세었다

나는 해뜨기 전 새벽이슬을 봐야 해서
초저녁이면 잠을 잔다

귀하의 가을은 안녕하신지요

초판 1쇄 발행 2022년 9월 1일

지은이 곽구비

펴낸이 임병천
펴낸곳 책나무출판사
출판신고 2004년 4월 22일 (제318-00034)

주소 서울시 영등포구 신길3동 325-70 3F
전화 02-338-1228 **팩스** 0505-866-8254
홈페이지 www.booktree.info

ⓒ 곽구비 2022
ISBN 978-89-6339-686-6 03810

*이 책의 판권은 지은이와 책나무출판사에 있습니다.
*양측의 서면 동의 없는 무단 전재 및 복제를 금합니다.
*잘못된 책은 바꿔드립니다.